Fouad EL-Auwad

die blaue müdigkeit

gedichte

Titel: **"die blaue müdigkeit"** (Gedichte)
Publikation: **1. Auflage 2019**
Titelbild, Satz & Layout: **Fouad EL-Auwad**
www.lyrik-salon.de

Edition Lyrik-Salon Spezial 2019
Herstellung und Verlag:
BoD - Books on Demand, Norderstedt
ISBN: 9783732261727

© Copyright für diese Ausgabe: Fouad EL-Auwad
　　　　　　　　　　　　　　　Edition Lyrik-Salon

meiner mutter
wie das licht
führt mich dein duft
zu dir

"gestern
stand der krieg zwischen uns
heute
dein tod"

die blaue müdigkeit

gedichte

Edition Lyrik-Salon spezial 2019

DIE BLAUE MÜDIGKEIT überwindet
tagsüber die erwartungen
ruht nachts
in den empfindsamen minuten
    ab der stunde null

    draußen suchen die straßen
immer noch
    ihre richtungen

ein gespenstisches licht kühlt die häuser

ein frostiger trostloser augenblick
    grenzt
zwischen
    hier und dort

HÖRST DU DAS LICHT
    wenn es liebt?

in der lichtersprache

die augen - zwei damaszenische rosen

die nase - ein baum der düfte

der mund - ein ort der wünsche

SIEHST DU
      wie die stille tanzt
auf die melodie des lichts?

die schatten senden den wolken ein zeichen

sie sollen fortziehen

kaum berührt dein körper meinen
        steigt der gesang empor

      der gesang des lichts

FÜNF SCHRITTE ago

1
prophezeiung

der spatz hat seiner freundin ins ohr geflüstert
die sonne habe ihren platz verlassen
wir wanderten aus

2
berauscht trug
ich meine gedanken
und die tücher
      die meinen leib bedeckten

ich schloss den vorhang
eine neue zuflucht
suchend

3
wie das **licht**
führt mich dein duft
zu dir

4
meine sprache erstickte

in jeder minute
wird in meinem mund
eine neue sprache geboren

die wörter der vergangenheit
erstickten
aus angst
    vor dem traum
        vor dem vorletzten traum.

5
fremder
mein fremdsein
zwischen
    gestern
und
    morgen - ein zelt

seine tür - ein stein
sein fenster - eine palme

die ohnehin verblassten erwartungen sinken
MINUTE FÜR MINUTE

      menschenmangel herrscht in der stadt
nur die einsamen gestalten
die einst bäume waren
werfen
      ihre schatten schräg auf den boden
tag und nacht

der morgen wacht mühsam auf

der mittag ist seit 7 jahren aus dem bilde verschwunden

der abend überfüllt die stadt mit zaubersprüchen
versucht
      die dinge zu ändern

die nacht rauscht vor sich hin
und fängt die lichtpartikel auf
die
      die planeten uns zu geburtstagen schenken

niemand ist hier
keine heimkehrer melden sich an den grenzen

      die stadt ist menschenleer.

ZONE DES ECHOS

leere herrschte überall
schweigen breitete sich aus
flüsterte ins ohr der zeit
blaue worte - geschichten
von vergangenen gesichtern

in der ferne zog das echo über die wiesen
die momente wurden länger

DAS BILD DER EINDEUTIGKEIT ist verschwommen.

mehr und mehr
ist der tag benebelt

an dem wir
hängen

an dem wir uns
vor einer ewigkeit kennenlernten

hast du
oder habe ich
das licht zuerst erblickt?

     in der ersten stunde
waren die rosen immer noch rosen

     in der zweiten stunde
wurden sie immer ratloser

     in der dritten stunde
zogen sie sich aus dem alltag zurück

        in der vierten stunde
gewährten sie
        dem herbst und dem frühling
              in den stielen
        dem sommer und dem winter
              in den blüten

              ein obdach

        in der letzten stunde
warteten wir auf
die rückkehr unserer sprache
die wir
an jenem tag unter dem letzten schnee vergaßen ...

... als der krieg aus dem tod erwachte

AM ENDE WAR DER ANFANG

ich werde die worte sammeln
die
auf den gehweg fielen
als man sie an die wände schreiben wollte

worte ohne definition
auch jene
      deren sinn noch verborgen ist
werde ich entziffern

auf dem weg zu uns selbst hinterlassen
unsere schritte keine spuren

auch ihre rhythmen werden nicht gehört

mir wurde erzählt
dass wir
      den ort
      den wir verließen
wiedertreffen
      wenn wir mit der erde tanzend kreisen

stille erfüllt den raum

das schweigen ist farblos

die Worte wandern aus.
nur die ziffern bleiben
dort
wo unsere türen nicht abgeschlossen sind
wo zwischen einer stille und einer anderen
die nostalgie wächst

HINTER DEM MORGEN blühen
                        rosen
man schenkte sie uns
                        zum träumen

mit kräutern färbten uns die stunden
und ließen uns
      hängende farben zurück

sie luden uns ein
      sie zu treffen

verwandelten uns in seltsame körper
      und vergingen

jene zeit - **OBSKURE BILDER**

als die bäume uns
      adressen schenkten
      und kleine namen

die mit uns wachsen sollten ...
      ... mit uns werden sie wachsen ...

EINSAM IN DER DÄMMERUNG
ein kleiner lichtspalt im see
entfernt sich von mir

ich komme jenem ufer näher
      dessen wasser rückwärts fließt
und hinter sich
      den nackten philosophen-felsen
      einsam
      in der dämmerung zurücklässt

sie saßen dort
      rosen und kräuter wuchsen auf ihren füßen

ihre heftigen diskussionen schweben noch über ihnen
man kann ihre worte hören
und zwischen ihren stimmen unterscheiden

laut war meine stimme
      "die gewissheit ist labyrinthisch"

EINE GARBE SCHILF

1
wir dürfen unserer rückkehr nicht nachtrauern

auf den himmel unserer zukunft zeichnen wir sterne
     einige aus papier
     andere leuchten

wir zeichnen steine
bauen aus ihnen einen traum - unsere behausung
zwischen
     dem zauber der nacht
und
     der ohnmacht des tages

unser weg dorthin -
     brennende entfernung - flammen und wasser

2
an langweiligen stunden
verfeinern wir den leib der worte

er soll ein kissen fürs meer sein
    wenn es müde wird

hiobsbotschaft

    schlagende wellen

    begräbnisse für das warten

3
wir gehen fort
und erkunden die finsternis

wir sind regentropfen
gerade aus dem baum der augen gefallen
kaum den boden berührt
    reisen wir wieder ab
    gleiten in die risse der abwesenheit
    und kehren
als blüten auf die zweige zurück

4
der fluss ist tot

durstig ließ er sein kind zurück

er ließ es
       in trümmern
       im bett der spinnen

um ihn herum
       eine garbe schilf
und
       eine wachende palme

sie fangen den sinn des staubs auf

5
die von planeten gewebten fäden
zwischen unseren fingern - rosenkränze -
haben keine bedeutung mehr
im strom der verlorenheit

wir webten aus ihnen ein kleid für die worte
vielleicht
werden sie ein wortloses gedicht für unser exil
oder
eine neue erzählung über des heiligen kindes geburt
      das einst brot den hungrigen verteilte
      den wein vermehrte
in unserem haus - dem traum

mit dem wein
      waschen wir die sünden
mit ihm
      schreiben wir die geschichte nieder
auf den schatten eines baumes
der einst der baum der wunden war
...

MEIN SCHATTEN und ich

als ich morgens aufwachte
nicht
      aus dem schlaf
sondern
      aus dem kampf mit ihm
sah ich meinen schatten gen sonne steigen

in seiner hand eine lilie
über ihr ein schmetterling

als er abends zurückkam
fragte ich nicht
      nach seinem ausflug
sondern
      nach meinem verzierten gewand

in dessen taschen ich
meine sehnsucht versteckte
vor der kälte

"darf ich mich ins bett der erinnerung legen?"
fragte mich mein schatten
vielleicht könnte er träumen
      er wäre mein ICH
und
      ich sein schatten

DAMASKUS
        tag I
winde leuchten
berge wehen
 stoppen
stehen
menschen - hell - dunkel

anrufe und SMS stets läuten

freude gekennzeichnet durch glänzende augen
angst im koffer versteckt
der koffer im hotelzimmer

kein zweifel

verirrungen gekennzeichnet durch gerötete wangen
schlaflosigkeit - mangel an zeit
eine hand in der hosentasche
die andere auf den schultern eines anderen körpers
vertrauen erweckt
lächelnd die müdigkeit vergessen - mangel an zeit

DAMASKUS
        tag II
die zeit blieb in deutschland
die stunde kürzer
der tag verdreht

flüstern läutete wie die sonntagsglocken

das warten begann zu laufen
getöse in der stille
die gesichter vokalisiert

DAMASKUS
        tag III
im rechten ohr das deutsche
im linken das arabische
beide klingen,
als ob frau und mann sich liebten

die münder geschwollen
küsse und geküsste

schweigsam das getümmel
laut die blicke

DIE ROUTE - vier wege

zuweilen laufend
zuweilen kriechend
zuweilen auf wasser gehend
zuweilen auf dem brettwagen liegend

im exil angekommen
hörte ich eine stimme
nicht meine
ihr schatten war wie der schatten eines schweigens

nicht meins

sie rief mich
eine geschichte sollte ich erzählen
eine wie meine

wort für wort

einsam zog ich los
in meiner tasche buchstaben,
namen und bilder vergangener nächte

im schatten eines baums - dem kein baum ähnelt -
saß ich
zählte die gesichter
die an diesem ort vorbeigezogen wären
versuchte mich, an ihre namen zu erinnern

demjenigen, der keinen hatte
verlieh ich einen

überall auf meinen wegen
finsternis
einsam und kalt

meine erinnerung - quelle der wärme

SCHRITT FÜR SCHRITT begleitet mich der sommer
zwischen den bäumen
wie mein schatten irrt er umher

viele worte bewohnen den horizont
das schweigen ist still
die stille ist schrill

das tor zu deinem weg - winde und glut
das ICH
das sich nicht irrt
        singt für dich

DER ZARTE REGEN zerbrach
im glas
wassertropfen verdursten

bald blühen die schneeflocken

ihre wurzeln wachsen in den sturm hinein

die zeit sickert
in einen tiefen abgrund - einen schwarzen stern

der trug - ein bild - eine augenweide - entfernte flut
wächst
tanzend
    auf den rhythmus des regens

DAS TAUFBECKEN vertrocknet

es spendete sein wasser dem regen

    halleluja
    halleluja
    singt ein mönch

ein fluss und die dreifaltigkeit
heilig
seit
zweitausendfünfzehn momenten des zweifels

such den notausgang nicht!

die knospen des schweigens
    rankten an ihm entlang
    umhüllten ihn

    er
    verschwand

EIN OBDACH für den himmel
ein wald für die hungernden

tag für tag
kehren die toten zu ihrer vergangenheit zurück

ihre gesichter erwachen nach dem leben
am abend tragen sie das antlitz des meeres

auf der hand eines sterns liegend
trägt die stille des schicksals früchte

wir
      erheben uns aus den trümmern

ANTLITZ des wOrtes

der schatten - ein gesicht
es beschert der erde das licht der schwärze

aus der ferne kommt die zauberin

    sie stellt den ort um
    baut ein bett aus sternen
    und bewacht das unheil
    das in der helligkeit immer vertrauter wird

der ort hat ein gesicht des trugbildes
das sich zum wasser hin entfernt
das gerade ruht -
    von seiner reise zwischen den ewigkeiten

WIMPERN der orchideen

sie
füllten die krüge
mit wasser und wein

bescherten den menschen
eine mischung
aus funken der mythen und dem glanz der geheimnisse

so
      als könnten wir den hauch einer brise atmen
      als würden wir aus unserem traum erwachten

das morgengrauen bleibt fremd im zyklus der erde

sie
verschleierten uns
sagten mit immer lauterer stimme

      das feld ist bereits bestellt

      es blühen die wimpern der orchideen

TAGSÜBER auf den straßen
sammelten sie zeit

aus ihr flochten sie zöpfe -
    für mädchen.

NACHTS in ihren betten
sammelten sie blitze

aus ihnen flochten sie teppiche -
    für jungen

die wärme wuchert

die blitze verstecken sich hinter dem tod

NICHTS ist, wie es war

wie höre ich meine stimme?
zeichen eines buches

wie begegne ich meinem körper vor den spiegeln?
weite distanzen - unbändige träume

    ich bin das licht
    ich entblöße die nacht.

meine sprache ist eine frau
die meinem gesicht zuwinkt

es solle auf die sehnsucht warten

ich erblicke sie vor meinem fenster

hinter ihr
    das meer wie feuer
    das gerade erlischt

WIEDER UND WIEDER irrt die irritation umher
rotierend laden die sinne kraft aus der steckdose
angekurbelt von der zeitlosigkeit

abwechselnd leuchten erde und feuer

sich gegenseitig abstoßend
entfachen sich die wellen magnetisch
die meere wollen das all erobern

die anziehungskraft meines bettes treibt leichtathletik

tief schlafend fühle ich
wie die sonnenstrahlen
kraftlos im raum schweben

so irre ist die hoffnung

tonlos singend
den wind umkreisend
tanzen wir gemeinsam

sie und ich

mit zeitverschiebung
     eine stunde kehrt zurück
     eine andere läuft fort

zeitzonen umkreisen meine achse

mein schatten von seinem träumend
wälzt sich in meinem bett
hin und her

DIE KERZE BRENNT noch
     sie leuchtet
     überwacht die zukunft
     und die trennung vergangener gebilde

     bevor sich die dämmerung dem tag angleicht

auf einem steilen winterlichen weg
ENTLANG DES RHEINS
stolperten die minuten
die schritte waren traurig

die gerüchte reisten von einem ufer zum anderen ab
und die abreise nahm kein ende

mein schweigen bescherte mir die lieder des regens
in seinem schatten schlug ich mein lager auf

meine schatten waren hellblau
sie erstreckten sich bis in die ewigkeit eines berges

das weinglas zersplitterte
meine schatten blieben durstig

      mein schweigen
verwandelte sich wieder in
          schweigen

DIE ESSENZ aller expeditionen in der sprache
 ist ein wort
 das
 "existenz" heißt -
             geburt
                     leben
                             tod

 hinter jedem wort
 welches dem sprachdasein innewohnt
 steckt mehrdeutigkeit

 seltsame zweisamkeit
 rufer und gerufener - dieselbe person

 umherschwirrend
 verurteilen obskure gedanken
             die wortlaute
                     sprache genannt

                         zum tode

DIE ERLEUCHTUNG

in der leidenschaft der himmelsbewohner
steckt neugier
zeichen der prophezeiung nähern sich mir

im gespräch mit dem meer
erscheint das antlitz des hungers -
brennender sommer

das meer weint
sehnt sich nach einem anderen ort
beklagt die toten in den liedern des regens

lange ließ es seine glocken läuten
bis die erleuchtung kam
     lilien für damaskus
       kräuter für den herbst

sie geloben
den verrat zu verbrennen
für das rauschen des wassers zu beten -

     der frühling hält inne

dOrt wohnt die leere
schwimmen die bäume in den gipfeln
umkreist die müdigkeit das universum

in der physik definieren wir
                        das universum
in der chemie definieren wir
                        das universum
in der liebe definieren wir
                        das universum

in diesem universum erahnen wir
                        weder die worte der musik
                        noch die der frauen

wir erahnen nicht einmal
                        die bedeutung des herbstes
                        auch nicht die des frühlings

DIE UNRUHE nimmt eine gestalt an
in der
das bild des nebels abgerundet wird

die erinnerung trägt die leuchter zu den vermissten

auf dem holzweg
ertrinkt das wasser in den wellen der vergessenheit
die bäume werden zu stäben

jesus wird nicht mehr gekreuzigt

fische schwimmen in der tiefe der angst
die hochzeit in galiläa tadelt den lärm nicht mehr

mein gesicht nähert sich dem gesicht gottes
am tisch des rechtes stillt eine mutter ihr kind

    der heilige wein verdunstet

BOGEN DER VIOLINE gleitet über ihren körper
und die unmöglichkeit wird immer schwerer

der schatten hat keinen lärm
der lärm hat keinen schatten

das universum
ruht in der müdigkeit unter der gnade der kälte

das herz schlägt gewaltig
die begierde im morgengrauen glänzt

in diesem moment fallen musiktropfen nieder

die aufregung – ein erdbeben

    die pianistin beugt sich zum schweigen vor
    die geige vermisst den bogen
    der wind weht
    der orchestermeister hält inne

    nenne sie nay
    nenne sie bambusröhre

    die tür bleibt nicht verschlossen
    wenn der hauch des windes
        der liebe begegnet

SO SPRACH DER PAPAGEI
mit einer hand voll wind stehe ich vor einem gebäude
in meinem gedächtnis
      das sich noch in der evolution befindet
zeichne ich das gesicht des ortes

die worte suchen wärme auf
die angst zerstreut sich zwischen den zeilen
eine hand voll wind
zieht mich dem schweigen hinterher

der fluss hinter dem gebäude nimmt seinen lauf
das segel der angst geht auf

in richtung des jenseits
      segelt die sehnsucht
in tausend geschichten
      entfaltet sich die vergangenheit

aus einer bestimmten richtung
      kehrt der zufall zurück

das entsetzen zeichnete ihn

    so
            sprach
                      der papagei

TRAURIG SIND DIE GRÄBER
der tag stirbt
allein und ohne gedächtnis wird der tag sterben

kaktusdornen enthüllen die geheimnisse der toten
die meisterwerke in der liebe sind nur geschichten

das mädchen
liest der mutter den titel des morgens vor
in der stimme erkenne ich die musik von bach

der weg dorthin ähnelt dem nichts

     geschrei und schweigen vermählen sich
     beide wollen fliehen

der ort hier ähnelt dem nichts

     es gibt keinen himmel
     es gibt keine fenster
     keine schmetterlinge
     keine tulpen
     es gibt keine wünsche

doch allein das stöhnen
ist der gesang auf die musik von bach

DIE DUNKELHEIT schwirrt umher
die stadt - ein wald

in windeseile zieht das feuer lodernd an mir vorbei
pochender puls - rhythmen der angst

meine erinnerung
orakel der zauberin
ihre schreie entzweien den wind

    ein unaufhörliches spiel

die zeremonie des krieges
    staub über staub
    asche über asche
    stunde um stunde - die zeit verkohlt

    ein unaufhörliches spiel

DIE STÄDTE UNTERM MEER

staubgesichter verhärten sich
    unterm wasser !

der wahnsinn in seiner einsamkeit
    wie ein feuerdrache
    unterm wasser

das licht krönt sich zum narren
    unterm wasser !

berge - wie asche -
königin des reiches
    unterm wasser !

dauerhaft
die kehrseite der zeit
    unterm wasser !

ZARTHEIT DES FEUERS

aufs meer begeben sie sich
sie trinken das elend aus längst vergangenen gläsern

in der gegenwart reifen die dornen
zur krone der angst heran

nach dem sonnenland suchend
begeben sie sich aufs meer
      werden sie dort ankommen?
          oder wird sie das wasser des todes umhüllen?

zwischen splittern und der zartheit des feuers
hinterließen sie ihre namen an den wänden hängend
vielleicht zieht ein hungriger vorbei
der einst das abendmahl versäumte
und die apostel erneut zu helden ernennen möchte
vielleicht zieht ein fremder vorbei
der die landschaft des krieges aufsucht
und sich zum fürsten des krieges krönt

sie begeben sich aufs meer
das lächeln ihrer kinder - arche der liebe
noah kannte diese arche nicht
auch keinen hafen sah sie jemals zuvor

sie begeben sich aufs meer
wer verrät ihnen die geheimnisse des windes?
aus welcher richtung kommt er?
wird er sie wehend in die arme der rosen tragen?
feiert man in galiläa noch hochzeit?

vermehre den wein
vermehre das brot
vermehre den sinn des lebens

im meer sind die kinder fische

lasst sie zu mir kommen
sagte einst der herr

lass sie nicht nackt zurück ein obdach suchend
sagen die mütter zum herrn

du liefst auf den wellen
barfuß liefst du

vermehre den wein
vermehredas brot
...
      begleite sie
      den tod zu überqueren

VOR DEM SCHLAF starren die augen ins nichts
die ohren versuchen
      alles was sie am tag hörten
      in der erinnerung zu speichern
      die erinnerung versucht
      ihre tore zu schließen
      um ihre kräfte sammeln zu können
      die geschehnisse des nächsten tages
      in details zu zerlegen
      sie in worte zu fassen
      und zu analysieren

vielleicht
      um all das zu verstehen

die worte
die sich hinter der achse
an der wand
zwischen den beiden nervenkanälen verbergen

      der eine
      transportiert die befehle des gehirns
      zu den körperteilen

      der andere
      sammelt alle befehle der welt
      und speichert sie in seinen molekülen

diese worte schlafen nicht
sie lassen dich auch nicht schlafen

du
der sie
in ein lied
in ein theaterstück
in ein gedicht
oder
in irgendeinen text verwandelst
du kannst sie nicht ausschalten

das gehirn
das dem körper befehle erteilt
kann sich selbst nicht befehlen
aufzuhören zu denken

nur für einen moment
vor dem schlaf

GARTEN DER ILLUSION eine gewebte matte
aus vergangenen gesichtern

   der esstisch
   neben der hütte der wachenden menschen
   im wald der abreise
   über dem hügel der philosophen

   wie oft bauten wir mauern aus eichen
   im garten der illusion?

   wie oft kehrten wir zum schlafen zurück
        ohne unsere köpfe?

   wir erinnerten uns daran
        dass wir uns nicht vom echo entfernten
        die mythen altern wie bäume

   wir altern mit ihnen
   im garten der illusion

   wir verstehen das warten nicht mehr
   im wald der abreise

   die hügel der philosophen werden nicht höher
        sie werden stets durchlöchert
        durch die philosophierenden

die tagesstunden sind 24
sie wiederholen sich jeden tag ...!

die wochentage sind 7
sie wiederholen sich jede woche ...!

die jahresmonate sind 12
sie wiederholen sich jedes jahr ...!

und **DIE JAHRE DES ALTERS**?
sie altern im laufe der zeit.

      sie
      wiederholen sich nicht ...!

SOVIEL ÜBER DAS GEWITTER I

nur die rosen wahnsinnigen
allein durch die in der nacht
zum ausruhen gedachte dunkelheit

wie oft stehen bäume dicht beieinander
kopf an kopf
die beine stecken ihre füße in den boden

die rosen stehen
ohne den boden zu berühren

sie wollen dem sperber
das vertrauen des schattens beibringen

der grashalm grünt langsam in der sonne
und brennt, wenn das wasser niederfällt

der gesang des donners
in welcher sprache auch immer
tropft wie eine verletzte orange
     die auf einem sieb gepresst wird

der gesang stottert
wenn die orangenkerne stocken
"sie mit sie-ben ach-ten auf die neu'n
tropfen fließen durch die löcher"

die erde trocknet ohne schatten
die schatten trocknen
nach dem wachsen in der sonne

SOVIEL ÜBER DAS GEWITTER II

nur der wahnsinn duftet
allein durch die in der dunkelheit
zum irren gedachte nacht

eine gelegenheit die rolladen halb zu schließen,
unbeschwert vor der tür zu stehen
und das spektakel das gehege aus hieroglyphischem
regenbogen anzuschauen.

im tempel steigt der gesang empor:
"diejenigen
die die-nen
nen-nen
stei-nen
aus lei-nen
wol-ken"

ein strauch wächst ohne wurzeln
dann sieht man das blaue fallen.

SOVIEL ÜBER DAS GEWITTER III

auch ohne hauch
aus küssen
sprießen morgens die wurzeln des wassers

der dunst befeutet
die früchte eines zweiges
in der sonne

aus dem abend davor blieben reste im glas

zum riechen reicht es

doch nicht zum trinken

SOVIEL ÜBER DAS GEWITTER IV

im raum wandert die stimme der vergangenheit umher

wenn der blitz
      die briefe der jahreszeiten liest
      zittert er hinter den bergen

die wimpern des leibes sind die kräuter eines flusses
hinter ihnen
      schläft eine schlange ein
      wacht in einer nacht auf
      in der
      die augen den weg ins schweigen finden

die flügel des windes sind die blätter eines baumes
      dessen früchte - alltägliche schicksale

DER HOLZWEG

in die stadt hinein führt dieser weg

eine stadt des aufwachens

lautlos wachsen die gräser
am rande dieses weges

das zelt - die idee eines zeitlosen schicksals
in jedem schritt durch den riss des gedächtnisses

jeder schwerelose schritt
     auf dem holzweg
     in die stadt hinein
     entfernt sich vom ziel

DAMASKUS UND NARZISSEN

1
die stadt - ein wald

raum und wind - zwei gefährten
trommelschläge stürmen
aus dem leib der sonne heraus

trug
mit dem wagen des lichtes unterwegs
einsam in der hölle des staubigen exils

wind
spiele nicht mit dem ball
wühle nicht im leib der erde
die gesteine verflüchtigen sich
zu pollen

2
in einem buch lesend
      lauschte ich dem gesang eines gartens

in der ferne
meine erinnerung
eine brücke zwischen unseren körpern
im glas des tages

grashalme und die erde - zwei gefährten

sie sprechen nicht die sprache der schmetterlinge

bäume
streckt eure zweige aus
lasst uns in euren schatten verweilen

3
leg dein trauriges gewand ab
der mond wird in deinem antlitz schimmern
deinem kleid
entspringt ein schreckenslaut - ein flatterndes licht

blicke
verwandeln sich in worte - wünsche des flüsterns

die bedeutung der verwirrung lautlos
nackt ruht die rose der abreise

4
immer noch erinnern wir uns an die kindheit -
an einen traum im horizont der vergessenheit

die wellen des rheins - ein herumfliegendes alphabet
um den sonnenuntergang

5
damaskus

strecke deine arme aus

dein horizont - meine behausung

strecke sie aus
planeten
        glut
             flügel
                    wasser
                          luft
                              blut
                              blut
                          flügel
                    wasser
           luft
       glut

deine schritte - melodien

auf die alle städte tanzen

DAS BUCH berichtete

im ersten buch
wurde über einen brunnen berichtet
der vor lauter traurigkeit austrocknete

auch der geschmack des brotes
und dessen duft
wurden darin erwähnt

das wasser bettelte in seinem exil
wieder
den körper einer frau an

einer frau
die sich wusch
bevor sie im arm des todes einschlief

einer frau
deren nacht ein vorübergehendes licht
und
deren kleid das blaue des himmels war

im zweiten buch
wurde über
einen stern berichtet
der die seidenstraße beleuchtete

auch drei säulen
die den himmel trugen
wurden darin erwähnt

das licht bettelte in seinem exil
wieder
den körper einer frau an

einer frau
die sich wusch
bevor sie im arm des todes einschlief

einer frau
die meine kindheit liebte
und
deren kindheit wie eine wolke im sommer war

im dritten buch
wurde über
den duft des weins berichtet
der verwahrlost herumirrte

auch das murmeln der buchstaben
wurde darin erwähnt

das schweigen bettelte in seinem exil
wieder
den körper einer frau an

einer frau
die sich wusch
bevor sie im arm des todes einschlief

einer frau
deren nektar
aus den götterphiolen in strömen floss

einer frau
deren gebete wie der gesang der vögel klangen

im vierten buch
wurde über
sieben engel berichtet
die sieben trompeten trugen

auch die siegel der schriften
wurden darin erwähnt

das wort bettelte in seinem exil
wieder
den körper einer frau an

einer frau
die sich wusch
bevor sie im arm des todes einschlief

einer frau
deren flügel
der drache entwendete

einer frau
deren name ein zeichen des lebens war

EINE KERZE

sie leuchtet nicht

ihren faden benutzte der chirurg
      um
        die wunde der dunkelheit
        zu heilen

VERGESSENHEITSZONE

zwei lampen aus holz
am anfang

kreise um das wort - blau
kreise aus papier - blau

zwei lampen aus papier

wir gingen singend aus

wir ließen die zeit stehen

wir vergaßen
      dass wir hier sind
     dass wir
          wir sind

der andere **HERBST**

farben brechen die grenzen

düfte ziehen durchs
innere der reifenden
gewürze
      kräuter
           früchte ...

                ... schmeckende gedanken

10 ZEITLOSE MINUTEN vor dem anfang
ziehen durch die welt und
ruhen ganz bald

letztlich war ich der tester
testete
      die 10 zeitlosen minuten
dann
wohlbekommen wünsche ich jedem
      der heranwachsen mag

      in dieser zeit

TAGESGERICHT
vom feld die sicht - tageslicht
dort, weit am horizont
wasser
        wurzeln
                baum
                        knospen

nepsonk
        muab
                nlezruw
                        ressaw

ein augenblick
                blickt mit den augen eines anderen
                beugt sich
                vor göttlicher brise

ein endloser schauer
                zieht durch den wald

die knospen
                erzählen ihrem nachwuchs
                von vergangenen tropfen

DUFT DER FARBEN -
minzwasser
                rosen ...

kräuter der vergangenheit
vermischen sich

lust auf leben   und mehr...

das meer
nebenan

weide der erinnerung   und mehr ...

EIN HAUCH von lust
schmeckender duft

der raum ist leer

plötzlich
zieht der regen
klopfend
seine spuren hinein

    ins reich des glücks

    in die sphäre des ichs

stück für stück
scheibe für scheibe

eine prise salz

SCHMECKENDE WORTE

der **KUSS** verspätet sich

im raum schwebend
herumirrend
sucht er
      die richtige wange

hin und her geht die
>   lust an der zeit vorbei

die schritte kurz und doch zügig.
>   rasch raschelt ein blatt vom ast

ein baum legt sich hin und
>   gönnt sich ruhe

geschwätz der nachtigall
>   weckt **DES BAUMES WIPFEL**

der **HÖHEPUNKT** in sachen schmecken

weiß
ein kleiner tropfen blau dazu

und das rot im glas
      ein klarer ton -
      wohlklang der knisternden farben -
      flutende düfte

nach dem **WORT-TANZ** unserer poesie

    lange
    bevor wir uns dem gott des schlafs hingaben

    tranken wir die gläser aus

    damit der wein seinen thron besteigt

    in unseren köpfen

HERRIN des weines

am ende dieser straße
bergauf
ein blaues café

kein vorbeigehender klopft an die tür
nur die stimme eines radios
wandert zwischen den tischen

allein
      trinkt sie
      die gläser aus

allein
      tanzt sie
      schläft
      wacht auf
      küsst die tage
allein
      die herrin des weines

im herbst fallen die blätter nieder

zwischen
einem augenblick
und
einem anderen
        tanzen die äste

der himmel weint

zwischen
einem augenblick
und
einem anderen
        sitzt er allein

kein gesang weckt ihn aus seiner einsamkeit auf

keine stille besucht ihn

allein
    sammelt er die worte - **DIE WORTE DER POESIE**

so wie die erde
    im herbst
        die blätter auffingt

ich - der allwissende
weiß nicht
      wer mich tötete
      und warum er
      mich immer noch tötet!

weil ich das alphabet der liebe bin
mein herz - mein stift
mein stift - meine lippen?

weil ich trotz des todes immer noch lebe?

    DESWEGEN?

JEDES MAL
wenn sich das kind
das ich einst war
dem ich mit reife zu trotzen glaubte
in mein bewusstsein schleicht

zeigt es mir

dass ich ihm
      mit jedem jahr
      das vergeht

        immer näher sein werde

VOGEL DER POESIE - er kam in meinen garten
als wohne der blitz in seinen augen

zu fuß kam er
als verließen seine flügel gerade einen sturm

ich war das kind
ihm streckte ich meine hand entgegen
eine hand voll zweige und brot

er plusterte seine federn auf
und wir
      teilten uns
       den thron der götter

tanz des tangs und der ente auf der **TANG-ENTE**

kleiber im käfig schläft mittags
sein wecker   verspätet sich

im zug bleibt stecken
die tasche der zukunft

die bäume langweilen sich
einsam stehen sie im raum

der tanz beginnt
              wer fehlt noch?
der wecker
er vergaß die zeit in der tasche
die tasche
           im zug

der gemeinsame tanz unter den himmelfäden
stört die bäume

jedoch nicht den tang und die ente

sie nennen den tanz im kreis
                    tang-ente

ARCHITEKTUR

punkte   striche   linien
                                architektur   temporal

                mensch   vertikal
                baum   horizontal
                haus   phänomenal
                            architektur   kausal

mensch punkt   punkt mensch
baum punkt   punkt baum
haus   punkt   punkt haus
                flüssigkeit im zement
                            architektur   modal

          mensch   überall
          baum   diagonal
          haus   lineal
                            architektur   lokal

mensch baum   baum mensch
haus baum   baum haus

            fundamente   ornamente
            wände decken   decken wände
                    ästhetisch
                            architektur   optimal

ANANYM UND XY

XY sch   reit
reit e kein pferd
anonym fährt mit dem bus

XY sitzt im café
und trinkt kaffee

anonym liest die zeit   ung
zeit send   ung
send e mir eine post   karte
post e   hier über XY
deinen bei   trag
trag die welt
auf deinen schul tern
schul   tasche   voll

XY rau   cht
rau ist die wan   d
wann immer du sie anfasst
fast bist du schon da

HUND KAFFEE
        KAFFEE HUND

in einem italienischen café
zwei frauen und ein hund

der hund schläft auf dem sofa
die frauen schlafen auf den stühlen

der hund wacht auf
und trinkt den kaffee aus

die frauen wachen auf
bezahlen ihre rechnung
und schlafen weiter

      der hund staunt und bleibt wach!

DIE KELLNERIN fragte mich
nach dem wein

ich sie
nach der uhrzeit in china

sie fragte mich nach meinem lieblingsessen

ich sie
nach dem film
     den sie zuletzt gesehen hatte

sie fragte mich nach dem kaffee

ich sie
nach dem monat
     in dem wir gerade sind

sie fragte mich nach meinem namen

ich sie
nach der rechnung

DEFINITIONEN AM RANDE DES TAGES

1
die frage
verstreute buchstaben auf einer wolke
die nicht regnet

2
das gedächtnis
worte
miteinander verbunden
ohne anfang und ohne ende

3
die vision
ergänzung der phantasie

4
die kreativität
zeichen und signale mit flügeln

5
die zeit
mal wie feuer
mal lebloses ding
besitzt keinen geruch
und keine farbe

6
die qual
sehnsucht nach glückseligkeit

7
die glückseligkeit
jetziges gefühl
ohne vergangenheit

8
die kindheit
unendliche geschichten
die nicht altern
und
in denen das lachen das weinen überwindet

9
die überraschung
eine hoffnung
wenn du sie verlierst
endest du im nichts

10
die sterne
staub
der im teenager-alter leuchtet

11
die emotion
ein notwendiges gefühl
dem anderen nahe zu sein

12
die liebe
hat keine vernunft
und keine sprache

13
der sex
interne reaktionen
geführt durch externe wünsche

14
die wollust
die unfähigkeit der erinnerung
und
des geistes
die bedürfnisse des körpers zu erfüllen

15
die freundschaft
eine brise
die weder stimme
noch volumen hat

16
die gerechtigkeit
nah und fern
ordnung und chaos

wie definiert und erlebt
so ausgesprochen

17
das gebet
freundliche form des nichtstuns
bewusste unterdrückung der sexualität

18
die demonstration
ebnet manchmal den weg
zur
erneuerung der welt
kehrt manchmal mit der welt
zu
dunklen zeiten zurück

auf jeden fall
führt sie zur sättigung der zufriedenheit

19
jeder anfang
optimistisches gefühl
das elend zu besiegen

20
die geschichte
ausdruck notierter fakten
die keine augenzeugen haben

21
die geduld
räume voller verlorenheit.
dort weilt nur die leere

22
das warten
vergängliche zeit

mal
eine traurige
eine stumme

mal
eine fröhliche
eine schrille

weile

23
die einsamkeit
eine frühgeburt
der sprache

24
das gedicht
die wahre geschichte
des ICHs
verpackt in verschiedenen formen
des schweigens

LAUTE DES SCHWEIGENS

manchmal schwingen
        frequenzen alter rhythmen umher -

    laute des schweigens

das gedächtnis hollt sie aus ihren kammern heraus
        leitet sie in die kanäle
        zum gehör

stille kreist in den gläsern
bilder nehmen eine neue gestalt an
lichter wandern in der phantasie umher

das echo dieser momente
        spiegelt sich

        in lautlosen worten

EINFACH SO
bürgersteige simulieren drang

drangvolle plätze simulieren weite

menschen simulieren menschlichkeit

menschlichkeit simuliert toleranz

toleranz simuliert verständlichkeit

verständlichkeit simuliert geduld

geduld simuliert schweigen

schweigen simuliert wortloses gespräch

das gespräch simuliert zusammensein

das zusammensein simuliert liebe

die liebe simuliert das leben

das leben simuliert den tod

der tod simuliert das nichts

das nichts simuliert das ganze

Verzeichnis

1. Die blaue Müdigkeit 9
2. Hörst da das Licht 10
3. Siehst du 11
4. Fünf Schritte ago 12
5. Minute für Minute 14
6. Zone des Echos 15
7. Das Bild der Eindeutigkeit 16
8. Am Ende war der Anfang 18
9. Hinter dem Morgen 19
10. Obskure Bilder 20
11. Einsam in der Dämmerung 21
12. Eine Garbe Schilf 22
13. Mein Schatten und ich 26
14. Damaskus Tag I 27
15. Damaskus Tag II 28
16. Damaskus Tag III 29
17. Die Route - Vier Wege 30
18. Schritt für Schritt 32
19. Der zarte Regen 33
20. Das Taufbecken 34
21. Ein Obdach für den Himmel 35
22. Antlitz des wOrtes 36
23. Wimpern der Orchideen 37
24. Tagesüber 38
25. Nichts 39
26. Wieder und wieder 40

27. Die Kerze brennt	41
28. Entlang des Rheins	42
29. Die Essenz aller Expeditionen	43
30. Die Erleuchtung	44
31. dOrt	45
32. Die Unruhe	46
33. Bogen der Violine	47
34. So sprach der Papagei	48
35. Traurig sind die Gräber	49
36. Die Dunkelheit	50
37. Die Städte unterm Meer	51
38. Zartheit des Feuers	52
39. Vor dem Schlaf	54
40. Garten der Illusion	56
41. Die Jahre des Alters	57
42. Soviel über das Gewitter I	58
43. Soviel über das Gewitter II	60
44. Soviel über das Gewitter III	61
45. Soviel über das Gewitter IV	62
46. Der Holzweg	63
47. Damaskus und Narzissen	64
48. Das Buch berichtete	68
49. Im ersten Buch	68
50. Im zweiten Buch	69
51. Im dritten Buch	70
52. Im vierten Buch	71
53. Eine Kerze	72

54. Vergessenheitszone 73
55. Herbst 74
56. 10 zeitlose Minuten 75
57. Tagesgericht 76
58. Duft der Farben 77
59. Ein Hauch von Lust 78
60. Schmeckende Worte 79
61. Kuss 80
62. Des Baumes Wipfel 81
63. Der Höhepunkt 82
64. Wort-Tanz 83
65. Herrin des Weines 84
66. Die Worte der Poesie 85
67. Deswegen? 86
68. Jedes Mal 87
69. Vogel Der Poesie 88
70. Tanz des Tangs und der Ente auf der Tang-Ente 89
71. Architektur 90
72. Anonym und XY 91
73. Hund Kaffee, Kaffee Hund 92
74. Die Kellnerin 93
75. Definitionen am Rande des Tages 94
76. Laute des Schweigens 102
77. Einfach so 103

Fouad EL-Auwad

die blaue müdigkeit

gedichte